Loi n° 49-956 du 16 juillet 1949 sur les publications destinées à la jeunesse
Dépôt légal 3e trimestre 1995
ISBN 3 314 20893 6

Sur le chemin de Noël

Une histoire de Anneliese Lussert
illustrée par Loek Koopmans
Traduction de Géraldine Elschner

Editions Nord-Sud

L'hiver était revenu, et avec lui la neige qui tombait à gros flocons. L'eau ne coulait plus dans les torrents gelés, les oiseaux ne chantaient plus. Ils attendaient, blottis dans les arbres, la tête cachée sous l'aile.
Un vent glacial soufflait, et chacun restait chez soi, assis au coin du feu.
Le bruit courait dans le pays que le seigneur d'un royaume lointain cherchait un hébergement pour son fils.
Siméon, un riche marchand de la ville, en avait entendu parler.
Il vivait seul avec sa femme dans une grande demeure.
«Ce roi viendra sûrement chez moi, pensait-il, ma maison est la plus belle du pays!»
Et il guettait, sur le pas de sa porte, l'arrivée du carrosse royal.
Mais la rue restait sombre et déserte.

L'épouse de Siméon entra dans le salon. Elle marchait avec peine, le dos courbé, appuyée sur une canne. Ses jambes la faisaient souffrir. Elle portait un bougeoir qu'elle déposa sur la table.
«Une seule bougie, c'est bien trop peu! dit son mari d'un ton de reproche. Allume toutes les lanternes de la maison et déposes-en une à chaque fenêtre.»
«Pourquoi tant de lumière?» s'étonna la femme.
«Parce qu'un roi va venir chez nous! expliqua Siméon. Il faut que notre maison puisse se voir de loin dans la nuit. S'il loge ici, nous recevrons une belle récompense. Voilà pourquoi tu dois illuminer nos fenêtres. Dépêche-toi! Et ensuite, prépare un bon repas, digne d'un roi. Allez, va!»

Au prix de gros efforts, la femme fit le tour de la vaste demeure et éclaira chaque fenêtre.

Elle atteignait la dernière pièce lorsque quelqu'un frappa
à la porte.

Lentement, elle alla ouvrir. L'homme qui entra portait un vieux manteau élimé et des chaussures trouées.
«Je vous salue, dit-il. Pouvez-vous héberger mon fils pour la nuit? Il fait si froid dehors.»
L'étranger avait l'air d'un mendiant, et pourtant son visage resplendissait. Ses yeux brillaient d'un étrange éclat qui semblait venir du plus profond de son âme.
Mais Siméon ne le remarqua pas. Il ne voyait que les guenilles du pauvre homme.
«Va-t'en! dit-il. Nous ne logeons pas de mendiants chez nous!»
«Ma récompense sera grande, dit l'étranger. Et elle vaut plus que tout l'or et toutes les richesses de ce monde.»
Siméon éclata d'un rire moqueur: «Et où caches-tu tes trésors? Sous tes haillons peut-être, ou bien dans ton vieux sac troué?»
Sa femme, cependant, retira son châle et le tendit au mendiant. Elle lui donna aussi une miche de pain et une tasse de lait.
«C'est tout ce que je puis t'offrir», murmura-t-elle.

«Merci à toi!» dit l'étranger. Puis il prit la canne sur laquelle elle s'appuyait et la déposa près de l'armoire. «Désormais, tu n'en auras plus besoin», ajouta-t-il avant de disparaître dans la nuit. Un halo de lumière l'enveloppait.
La femme se sentit soudain délivrée de ses souffrances. Ses jambes ne lui faisaient plus mal. Elle se redressa et fit quelques pas.

«Tu marches comme avant! s'exclama Siméon ébahi.
Et ta canne?»
«Je n'en ai plus besoin! dit-elle d'une voix tremblante.
C'est un miracle. L'étranger m'a guérie…»
«Un mendiant qui fait des miracles? Allons, tu dis des bêtises!» gronda Siméon.
«Cet inconnu répandait une étrange lumière... poursuivit-elle.
C'est lui, le Roi, j'en suis sûre, mais un Roi venu d'ailleurs…»
Siméon devint pensif. L'inconnu avait parlé d'une récompense qui valait plus que tout l'or et toutes les richesses de ce monde.
Et il venait d'accomplir un miracle…
Mais alors… Siméon comprenait enfin!
«Qu'ai-je fait, misérable que je suis! s'écria-t-il. Vite, il faut que je le retrouve!»
Il enfila ses bottes et son manteau, puis sortit en courant.

Il ne neigeait plus. Le vent glacial avait dégagé le ciel maintenant parsemé d'étoiles.
Dans le silence de la nuit, Siméon entendit une voix qui l'appelait dans le lointain. Mais il ne vit personne. Découvrant des traces sur la route, il se mit à les suivre et descendit vers l'église.
Là, il rencontra une femme qui pleurait.
«Qu'as-tu donc?» demanda-t-il.
«J'ai froid!» gémit la vieille.
Alors, pris d'un vrai remords, Siméon lui donna son manteau.
Puis il continua son chemin, suivant les traces dans la neige.

Un peu plus loin, il aperçut un jeune garçon qui sanglotait.
Lui aussi souffrait du froid, sans chaussures
sur la terre gelée.
Ses pieds étaient tout écorchés.

Siméon enleva alors ses bottes fourrées et les donna à l'enfant. «Siméon!» appela à nouveau une voix. Elle semblait plus proche que la première fois, mais il ne vit toujours personne. Les pieds nus, il reprit sa route, guidé par les traces dans la neige.

Plus loin encore, il passa près d'un vieil homme qui tremblait, assis au pied d'un arbre. Il n'était vêtu que d'une simple chemise. Siméon défit sa veste et en couvrit les épaules du mendiant. Il sentait maintenant lui aussi la morsure du froid sur sa peau nue. Alors, pour la troisième fois, quelqu'un l'appela. Mais cette fois, la voix était toute proche.

En levant les yeux, Siméon reconnut l'étranger qu'il avait chassé de sa maison. Mais il n'avait plus l'air d'un mendiant, il portait maintenant un manteau de roi. C'était donc bien lui! Siméon voyait à présent l'éclat de ses yeux et la lumière qui l'entourait.

«Siméon, dit le Roi, tu as su franchir toutes les épreuves qui se trouvaient sur ton chemin. Continue de suivre ainsi la voie que je t'ai tracée et tu arriveras devant une pauvre cabane. Tu y trouveras mon fils couché dans la paille d'une crèche. Il t'attend.»

Siméon obéit.

Et les traces dans la neige le menèrent jusqu'à une étable.

Un Enfant y était couché dans la paille d'une crèche, comme le Roi l'avait dit.

Une grande lumière éclairait les lieux, et une douce chaleur y régnait, une chaleur qui réchauffa Siméon jusqu'au plus profond de son âme. Il sentait un immense bonheur l'envahir et une grande paix emplir son cœur.

Alors, tombant à genoux, il se mit à prier.
Et l'Enfant lui sourit.